I0606331

Les chiots LABRADOR RETRIEVER

David et Patricia Armentrout

Un livre de la collection Les jeunes plantes de Crabtree

TABLE DES MATIÈRES

Crabtree Publishing
crabtreebooks.com

Soutien de l'école à la maison pour les parents, les gardiens et les enseignants

Ce livre aide les enfants à se développer grâce à la pratique de la lecture. Voici quelques exemples de questions pour aider le lecteur ou la lectrice à développer ses capacités de compréhension. Les suggestions de réponses sont indiquées en rouge.

Avant la lecture

- De quoi ce livre parle-t-il?
  - *Je pense que ce livre parle des chiots labrador retriever.*
  - *Je pense que ce livre explique que les chiots labrador retriever sont gentils.*

- Qu'est-ce que je veux apprendre sur ce sujet?
  - *Je veux savoir si un chiot labrador retriever serait un bon animal de compagnie.*
  - *Je veux savoir si les chiots labrador retriever peuvent nager.*

Pendant la lecture

- Je me demande pourquoi...
  - *Je me demande pourquoi les labradors retrievers aiment nager.*
  - *Je me demande comment ils se tiennent au chaud dans l'eau froide.*

- Qu'est-ce que j'ai appris jusqu'à présent?
  - *J'ai appris que les labradors retrievers sont de bons animaux de compagnie pour la famille.*
  - *J'ai appris que les chiots boivent le lait de leur mère.*

Après la lecture

- Nomme quelques détails que tu as retenus.
  - *J'ai appris que les labradors retrievers sont chocolat, sable ou noirs.*
  - *J'ai appris que les labradors retrievers aiment jouer à rapporter.*

- Lis le livre à nouveau et cherche les mots de vocabulaire.
  - *Je vois le mot* ***portée*** *à la page 5 et le mot* ***retrievers*** *à la page 13. Les autres mots du glossaire se trouvent aux pages 22 et 23.*

Les chiots labrador retriever

Un **chiot labrador** peut être ton meilleur ami.

Les mamans labrador ont quatre à dix chiots dans une **portée**.

Les chiots boivent le lait de leur mère.

Les chiots labrador sont chocolat, sable ou noirs.

Ils adorent jouer à **rapporter.**

C'est pourquoi on les appelle des **retrievers** (rapporteurs en anglais)!

Il est difficile d'empêcher les labradors d'aller dans l'eau.

Leur **fourrure** épaisse les garde au chaud dans l’eau froide.

Les chiots labradors deviennent de grands chiens adorables!

Ils aiment faire partie de la famille.

Glossaire

chiot (chi-o) : Un chiot est un jeune chien.

fourrure (fou-rur) : La fourrure est le pelage doux, épais et velu d'un animal.

labrador (la-bra-dor) : Labrador est le nom plus court du labrador retriever.

portée (por-té) : Une portée est un groupe de chiots ou d'autres animaux nés en même temps de la même mère.

rapporter (ra-por-té) : Rapporter signifie aller chercher quelque chose et la ramener.

retrievers (re-tri-veur) : Les retrievers sont un type de chiens qui peuvent être dressés pour trouver et rapporter des choses.

Index

À propos des auteurs

David et Patricia Armentrout

David et Patricia passent le plus de temps possible à jouer avec leurs trois chiens Gimli, Artie et Scarlet, et à prendre soin d'eux.

Sites Web

Les sites Web sont en anglais seulement.

www.akc.org/dog-breeds/best-dogs-for-kids
www.goodhousekeeping.com/life/pets/g5138/best-family-dogs

Crabtree Publishing

crabtreebooks.com 800-387-7650

Au Canada : Nous reconnaissons l'appui financier du gouvernement du Canada par l'entremise du Fonds du livre du Canada pour nos activités de publication.

Imprimé aux États-Unis
CP072026

Catalogage avant publication de Bibliothèque et Archives Canada

Titre: Les chiots labrador retriever / David et Patricia Armentrout ; texte français d'Annie Evearts.
Autres titres: Labrador retriever puppies. Français.
Noms: Armentrout, David, auteur. | Armentrout, Patricia, auteur.
Description: Mention de collection: Nos amis les chiots | Les jeunes plantes de Crabtree | Traduction de : Labrador retriever puppies. | Comprend un index.
Identifiants: Canadiana (livre imprimé) 20210279532 | Canadiana (livre numérique) 20210279540 | ISBN 9781039609037 (couverture souple) | ISBN 9781039609099 (HTML) | ISBN 9781039609150 (EPUB)
Vedettes-matière: RVM: Labradors—Ouvrages pour la jeunesse. | RVM: Chiots—Ouvrages pour la jeunesse. | RVMGF: Documents pour la jeunesse.
Classification: LCC SF429.L3 A7614 2022 | CDD j636.752/7—dc23

Publié au Canada
Crabtree Publishing
616 Welland Avenue
St. Catharines, Ontario
L2M 5V6

Publié aux États-Unis
Crabtree Publishing
347 Fifth Avenue
Suite 1402-145
New York, NY 10016

Paperback 978-1-0396-0903-7
Ebook (pdf) 978-1-0396-0909-9
Epub 978-1-0396-0915-0
Read-along 978-1-0398-0453-1
Audio book 978-1-0396-6732-7

Auteurs : David et Patricia Armentrout
Conception : Jennifer Dydyk
Révision : Kelli Hicks
Correctrice : Crystal Sikkens
Traduction : Annie Evearts
Coordinatrice à l'impression : Candice Campbell

Références photographiques : Couverture : photo : shutterstock.com/Eric Isselee. Arrière-plan : shutterstock.com/ Dreamzdesigners. Page titre : ©Shutterstock.com/ Natalia Fedosova, page 3 ©Shutterstock.com/ Nina Buday, page 4 ©Shutterstock.com/VSM Fotografia, page 6 ©Shutterstock.com/Oksana Mala, page 8 ©Shutterstock.com/Natalia Fedosova, page 10 ©Shutterstock.com/ataglier, page 12 ©Shutterstock.com/Steve Oehlenschlager, page 14 ©shutterstock.com/ ma30photography page 16 ©Shutterstock.com/maryp, page 18 ©Shutterstock.com/Anna Tronova, page 20 ©Shutterstock. com/LightField Studios.